Das Elefantenbuch

Schreiben und Rechtschreiben

Druckschrift

Schroedel

Das Elefantenbuch 4

Schreiben und Rechtschreiben
Druckschrift

von Jens Hinnrichs
unter Mitarbeit von Magdalene Grüner-Troch, Christiane Müller,
Dr. Heidrun Müller, Ute Senkowski
und wissenschaftlicher Beratung von Prof. Dr. Renate Valtin

Inhaltsübersicht

Dieses Werk folgt der reformierten Rechtschreibung und Zeichensetzung 2006.

Druck A⁵ / Jahr 2008
Alle Drucke der Serie A sind im Unterricht parallel verwendbar.

Redaktion: Christin Bußhoff
Herstellung: Maren Albes
Illustrationen: Pia Eisenbarth, Wilfried Gebhard
Satz und Repro: Jesse Konzept & Text GmbH, Hannover
Druck und Bindung: westermann druck GmbH, Braunschweig

ISBN 978-3-507-**41122**-7

Lösung:

Hund entlaufen

Seit Montag ist Struppi verschwunden.
Er hat ein braunes, weiches Fell
und kurze, spitze Ohren.
Unter dem linken Auge hat er
einen hellen Fleck. Nun sind wir sehr traurig.
Wer hat unseren Hund gesehen?
Wir wohnen im Gartenweg 44.
Unsere Telefonnummer ist 73 96 64.

Hanna und Tom

1 Wo hat Struppi einen hellen Fleck?

2 Kennzeichne im Text die Lernwörter: alle Nomen.

3 Schreibe die Lernwörter mit Artikel.

4 Wörter im Tausendfüßler

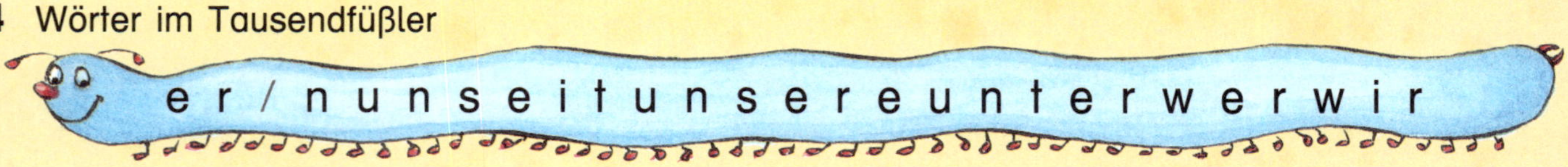

5 Kennzeichne im Text die Wörter von Aufgabe 4.
Dabei merkst du, dass man am Satzanfang immer großschreibt.

6 Schreibe die Lernwörter, die für dich schwierig sind, unten in die Leiste.
Trage auch andere schwierige Wörter aus dem Text ein.

Lernwörter und andere schwierige Wörter:

7 Bilde Sätze. Vergiss die Kommas zwischen den aufgezählten Adjektiven nicht.

hat

lustige	niedliche	große
kurze	spitze	kleine
braune	scharfe	weiße

Ohren.
Zähne.
Augen.

8 Schreibe die Überschrift und die ersten beiden Sätze des Textes ab.
Füge einen Satz aus den Denkblasen hinzu.

9 Schreibheft-Aufgaben zur Auswahl

A Ordne die Lernwörter nach dem Alphabet.

B Lass dir die Sätze von Aufgabe 7 diktieren. Kontrolliert und berichtigt gemeinsam.

C Schreibe den Text ab. Füge einen Satz aus den Denkblasen hinzu.
Du kannst ihn auch mit der Überschrift *Katze entlaufen* abschreiben.

Gefunden

Das Telefon klingelt.
Eine Frau sagt:
„Hallo, hier ist Frau König.
Ich habe einen kleinen Hund gefunden.“
„Ob das unser Struppi ist?“, fragt Hanna.
„Er sieht genauso aus,
wie ihr ihn beschrieben habt“, antwortet Frau König.
Hanna ruft: „Dürfen wir gleich zu Ihnen kommen
und Struppi abholen?“

1 Was antwortet Frau König? Wähle einen Satz und kennzeichne ihn.

2 Suche die Lernwörter in der Wörterliste und schreibe sie.

a (26) ______________________ f (59) ______________________

r (44) ______________________ s (7) ______________________

3 Schreibe die Verben von Aufgabe 2 so, wie sie im Text stehen.

____

4 Kennzeichne mit verschiedenen Farben, was Hanna sagt und was Frau König sagt.

5 Schreibe ein Gespräch zwischen Hanna und Tom. Wähle einige Sätze aus.
Vergiss die Doppelpunkte nicht.

sagt: ruft: fragt:
„Wer war am Telefon?“
„Das ist ja toll!“
„Lass uns losgehen.“

antwortet: sagt: ruft:
„Eine Frau hat Struppi gefunden.“
„Ich bin so froh!“
„Wir können ihn gleich abholen.“

____

____

____

6 Schreibe die Lernwörter, die für dich schwierig sind, unten in die Leiste.
Trage auch andere schwierige Wörter aus dem Text ein.

Lernwörter und andere schwierige Wörter:

____

7 Setze die Zeichen der wörtlichen Rede ein. Schreibe die Sätze.

Hanna ruft Struppi ist wieder da!	: „ “
Wer hat ihn gefunden? fragt die Mutter.	„ “ ,
Er ist bei Frau König antwortet Hanna.	„ “ ,

8 Schreibe die letzten beiden Zeilen des Textes ab und füge deinen Schluss hinzu. Vergiss die Anführungszeichen nicht.

Die wörtliche Rede wird in Anführungszeichen eingeschlossen.

9 Schreibheft-Aufgaben zur Auswahl

A Suche Wörter zur Wortfamilie *fahren*. Arbeite mit dem Wörterbuch.

B Schreibe den Text ab und füge einen Schluss hinzu.

C Setze den Text in die Vergangenheit (*klingelte, sagte, fragte, antwortete, rief*).

Liebe Frau König,

vielen Dank für Ihre Hilfe.
Wir sind froh, dass Sie Struppi
gefunden haben. Als wir nach Hause kamen,
rannte er aufgeregt durch die ganze Wohnung.
Er brachte uns seinen Ball und wollte mit uns toben.
Aber plötzlich rollte er sich in seinem Körbchen
zusammen und schlief ein. So müde war er.
Wir bedanken uns noch einmal bei Ihnen.

1 Was machte Struppi in seinem Körbchen?

2 Schreibe die Lernwörter.

AUFGEREGTBALLFROHKAMENMÜDEKÖRBCHENRANNTESCHLIEFWOHNUNG

3 Schreibe die Lernwörter nach Wortarten geordnet.

Nomen:

Verben:

Adjektive:

4 Bilde Sätze.

der mit dem spielen wollte

müde dann war und er schlief ein

5 Schreibe die Lernwörter, die für dich schwierig sind, unten in die Leiste.
Trage auch andere schwierige Wörter aus dem Text ein.

Lernwörter und andere schwierige Wörter:

6 Lass dir die Sätze von Aufgabe 4 diktieren. Kontrolliert und berichtigt gemeinsam.

Weißt du noch, wie man ein Partnerdiktat schreibt?

- Den Text diktieren lassen und schreiben,
- sich helfen lassen, wenn es nötig ist,
- gemeinsam kontrollieren,
- dem Partner diktieren.

7 Schreibe die Sätze des Textes ab, in denen die höfliche Anrede vorkommt. Du kannst die höfliche Anrede kennzeichnen.

8 Schreibheft-Aufgaben zur Auswahl

A Suche in der Wörterliste in Spalte *F f* Nomen, Verben und Adjektive, und schreibe sie geordnet.

B Schreibe den Brief ab und füge einen Gruß hinzu.

C Schreibe den Brief an ein Kind. Die Anrede *du, dein, dir* schreibt man klein.

Die höfliche Anrede *Ihnen, Ihre, Sie* schreibt man groß.

1 Setze die Satzschlusszeichen in die Sprechblasen.

2 Schreibe die Sätze mit den Satzzeichen auf.

3 Vervollständige die Wörter, dann kommst du vom *Hund* zum *Rind*.

Rechtschreib-Tipp: Satzschlusszeichen

Der Punkt kennzeichnet den Schluss eines Satzes.
Das Fragezeichen kennzeichnet einen Satz als Frage.
Das Ausrufezeichen kennzeichnet einen Satz als Ausruf oder Aufforderung.

Setze einen Punkt, ein Fragezeichen oder ein Ausrufezeichen in die Sprechblasen.

⚀ Hilfe, ich komme nicht in die Wohnung!

⚁ Die Tür ist verschlossen.

⚂ Warum macht niemand auf?

⚃ Wo ist mein Schlüssel?

⚄ Hinter der Tür ist unser Hund.

⚅ Struppi hat bestimmt Hunger.

4 Erwürfelt eine Geschichte.
Ihr könnt auch abwechselnd würfeln.

Elefanten-Aufgaben

1 Hast du auch ein Tier oder hättest du gern eines?
Schreibe auf, wie dein Wunsch-Tier aussieht.

2 Es gibt viele Tier-Witze, die du als Comic zeichnen kannst.

3 Sammelt Interessantes und Wissenswertes über Tiere.
So könnt ihr eine eigene Tier-Kartei oder ein Tier-Lexikon herstellen.

Was nun?

Schon lange wohnt Simon mit seinen Eltern
in einer Dachwohnung in der Stadtmitte.
Nun erwartet Simons Mutter Zwillinge.
Für die große Familie wird die alte Wohnung zu eng,
denn das Kinderzimmer ist sehr klein.
Außerdem gibt es keinen Fahrstuhl in dem Altbau.
Deshalb will die Familie schnell umziehen.
„Freust du dich?“,
möchte Simons Schulfreund wissen.

1 Was gibt es in dem Altbau nicht?

2 Kennzeichne im Text die Lernwörter: sechs zusammengesetzte Nomen.

3 Schreibe die Lernwörter mit Artikel. Kontrolliere die Artikel mit der Wörterliste.

Zusammengesetzte Nomen bestehen aus Bestimmungswort und Grundwort.

Der Artikel richtet sich dabei immer nach dem letzten Wort, dem Grundwort.

4 Kennzeichne in den zusammengesetzten Nomen von Aufgabe 3
jeweils den Artikel und das Grundwort.

5 Bilde zusammengesetzte Nomen mit Artikel.

DER WALD | DAS TIER | DIE KINDER | DAS HAUS | DAS DACH | DIE WOHNUNG

6 Schreibe die Lernwörter, die für dich schwierig sind, unten in die Leiste.
Trage auch andere schwierige Wörter aus dem Text ein.

Lernwörter und andere schwierige Wörter:

7 Schreibe passende Antwortsätze. Kontrolliere und berichtige.
- Wo wohnt Simon?
- Wer erwartet nun Zwillinge?
- Warum will die Familie umziehen?
- Was fragt der Schulfreund?
- Was antwortet Simon?

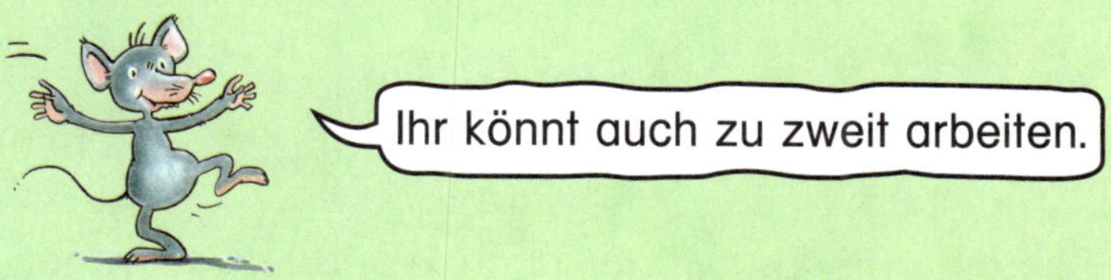

8 Schreibheft-Aufgaben zur Auswahl

A Bilde mit dem Grundwort *Wohnung* zusammengesetzte Nomen.
(Beispiel: *die Ferienwohnung*)

B Bilde mit dem Bestimmungswort *Kinder* zusammengesetzte Nomen.
(Beispiel: *der Kindergarten*)

C Schreibe den Text ab und füge einen Schluss hinzu.

In den Sommerferien zieht Familie Schneider
in eine riesengroße Neubauwohnung um.
Als endlich alle Umzugskisten in der neuen Wohnung sind,
sitzt die ganze Familie hundemüde um den Küchentisch.
Plötzlich klingelt es.
Vor der Wohnungstür steht ein fremder Mann.
„Ich bin der Hausmeister“, sagt er freundlich.
„Im Treppenhaus habe ich
diese dunkelblaue Reisetasche gefunden.
Gehört sie vielleicht euch?“

1 Schreibe eine Überschrift.

2 Kennzeichne im Text die Lernwörter:
acht zusammengesetzte Nomen und drei zusammengesetzte Adjektive.

3 Schreibe die Lernwörter nach Wortarten geordnet.

Nomen:

Adjektive:

Wenn ein zusammengesetztes Wort nicht in der Wörterliste oder im Wörterbuch steht, musst du an mehreren Stellen nachschlagen.

4 Zusammengesetzte Nomen

Umzug	Küche
Wohnung	Treppe

Haus	Tür
Kiste	Stuhl

Bei zusammengesetzten Wörtern ist oft das erste Wort leicht verändert.

5 Schreibe die Lernwörter, die für dich schwierig sind, unten in die Leiste.
Trage auch andere schwierige Wörter aus dem Text ein.

Lernwörter und andere schwierige Wörter:

6 Schreibe die verdrehten Sätze richtig.

Der Reisemeister findet eine Haustasche.
Die Treppenkiste steht im Umzugshaus.

7 Schreibe die letzten fünf Zeilen des Textes ab und füge einen Schluss hinzu.
Kontrolliere und berichtige.

8 Schreibheft-Aufgaben zur Auswahl

A Bilde zusammengesetzte Farb-Adjektive. (Beispiel: *dunkelblau*)

B Lass dir die Sätze von Aufgabe 6 diktieren. Kontrolliert und berichtigt gemeinsam.

C Schreibe den Text ab und füge einen Schluss hinzu.

1 Suche die zusammengesetzten Nomen auf der Bildkarte und schreibe sie mit Artikel auf. Kennzeiche den Artikel und das Grundwort.

1 ______________________________

2 ______________________________

3 ______________________________

4 ______________________________

5 ______________________________

Rechtschreib-Tipp: Zusammengesetzte Nomen

Zusammengesetzte Nomen bestehen aus Bestimmungswort und Grundwort.
Der Artikel richtet sich dabei immer nach dem letzten Wort, dem Grundwort.

______ Tierpark		______ Fahrschule		______ Hochhaus	
____ Tier	_____ Park	fahren	_____ Schule	hoch	_____ Haus

Kennzeichne das Grundwort. Schreibe den Artikel.

6	
7	
8	
9	
10	

Elefanten-Aufgaben

1 Denke dir für einen Schatz ein Versteck auf der Bildkarte aus und beschreibe den Weg dorthin. Findet ein anderes Kind den Schatz, wenn es deiner Wegbeschreibung folgt?

2 Zeichne eine Bildkarte von deinem Schulweg. Schreibe Namen an die Gebäude, Plätze und Straßen.

Maria steigt auf ihr Fahrrad.
„Ich fahre zum Fußballplatz“, sagt sie.
„Viel Spaß!“, ruft Vater ihr nach.
„Aber sei um vier Uhr wieder hier.“
Kaum sitzt Maria auf ihrem Rad,
da merkt sie, dass ein Reifen Luft verliert.
Maria ärgert sich sehr:
„Das kann doch nicht wahr sein!
Nun muss ich den Reifen
schon wieder reparieren.“

1 Schreibe eine Überschrift.

2 Kennzeichne im Text die Lernwörter: sieben Wörter mit *ie*. Schreibe sie.

Der lange Selbstlaut *i* wird meistens *ie* geschrieben.

3 Schreibe die Wörter. Kennzeichne *ie*.

4 Schreibe die Sätze mit den Verben in der Vergangenheitsform. (Beispiel: *Laura ließ* ...) Kontrolliere mit der Wörterliste.

Laura lässt Maria mit ihrem Rad fahren. Plötzlich hält Maria an. Sie steigt vom Rad und ruft Laura. Laura läuft zu ihr.

Lernwörter und andere schwierige Wörter:

5 Schreibe die letzten vier Zeilen des Textes ab und füge eine Fortsetzung hinzu. Kontrolliere und berichtige.

Übe Wörter, die du falsch geschrieben hast, zum Beispiel, indem du schwierige Stellen kennzeichnest.

6 Schreibheft-Aufgaben zur Auswahl

A Ordne die Lernwörter nach dem Alphabet.

B Schreibe die Verben *verlieren* und *reparieren* in den Personalformen: *ich, du, er, wir, ihr, sie.*

C Schreibe den Text mit einer Fortsetzung ab.

Gestohlen

Laura findet ihr Fahrrad nicht wieder.
„Es ist gestohlen!“, ruft sie.
Maria lacht: „Wer soll wohl das alte Ding stehlen?
Wahrscheinlich steht es irgendwo anders.“
Aber Laura weiß ganz genau,
dass ihr Rad hier am Baum stand.
„Vielleicht hat jemand das falsche Rad genommen?“,
meint Kevin. „Warum schließt du dein Rad auch nie ab?“
„Was mache ich jetzt ohne mein Rad?“, fragt Laura.

1 Wähle einen Schluss und kennzeichne ihn.

2 Kennzeichne im Text die Lernwörter: acht Wörter mit *ah, eh, ih, oh.* Schreibe sie.

In manchen Wörtern wird der lange Selbstlaut durch ein *h* gekennzeichnet.

3 Schreibe die Wörter nach Wortfamilien geordnet.

stiehlt | Fahrt | stahl | gefahren | Diebstahl | gestohlen | fuhr | fährt

fahren

stehlen

Das *h* im Wortstamm bleibt in allen Wörtern derselben Wortfamilie erhalten.

4 Tausendfüßler-Sätze

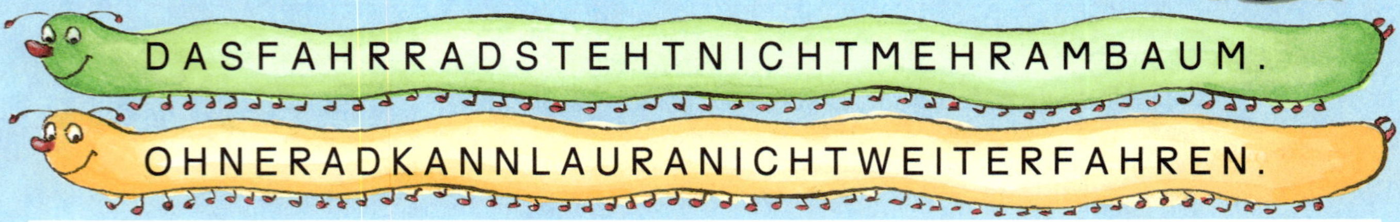

Lernwörter und andere schwierige Wörter:

5 Wörter aus der Wörterliste

b (51)	S (107)	Z (3)
f (19)	J (5)	S (173)

6 Schreibe die Sätze, in denen der Name *Laura* vorkommt, und füge deinen Schluss hinzu. Kontrolliere und berichtige.

7 Schreibheft-Aufgaben zur Auswahl

A Suche Wörter zur Wortfamilie *Zahl.* Arbeite mit dem Wörterbuch.

B Suche in der Wörterliste in Spalte *F f* und *W w* Wörter mit *ah, eh, oh.*

C Schreibe den Text ab und füge einen Schluss hinzu.

Am See

Janik und Maria sind mit ihrer Oma
an den See gefahren.
Sie haben ihre Fahrräder abgestellt
und sich ein Boot geliehen.
Janik rudert.
„Das strengt an!“, ruft er.
„Jetzt habe ich Hunger und Durst.“
Da packt Oma Brote
und ein paar Äpfel aus.
Aber wo ist der Tee?

1 Was packt Oma aus?

____

2 Kennzeichne im Text die Lernwörter: vier Wörter mit *aa, ee, oo.* Schreibe sie.

____

Bei einigen Wörtern wird der lange Selbstlaut
durch die Verdopplung gekennzeichnet: *aa, ee, oo.*

3 Welche Wörter findest du? Kontrolliere mit der Wörterliste.

Zwei, die zusammengehören,
sind ein Paar.

4 Setze ein: *paar* oder *Paar*?

 ein ____________ Schuhe

 ein ____________ Handschuhe

 ein ____________ Äpfel

 ein ____________ Kinder

Lernwörter und andere schwierige Wörter:

____

5 Zusammengesetzte Nomen mit Artikel

 Schnee	der Mann	die Schuhe	 Zoo	die Tiere	der Besucher
	der Ball	....		die Kasse	....

6 Schreibe die letzten drei Zeilen des Textes ab und füge einen Schluss hinzu.

7 Schreibheft-Aufgaben zur Auswahl

A Lass dir die Lernwörter diktieren. Kontrolliert und berichtigt gemeinsam.

B Schreibe Sätze mit den Wörtern mit *aa, ee, oo.*

C Schreibe den Text ab und füge einen Schluss hinzu.
Statt *Oma* kannst du auch eine andere Person einsetzen.

Rechtschreib-Tipp: Wortstamm

Das *h* im Wortstamm bleibt in allen Wörtern derselben Wortfamilie erhalten, auch wenn sich der Selbstlaut verändert.

sie fährt | gefährlich | die Fuhre | die Fähre | erfahren

das Fahrrad | wir fuhren | **fahren** | er fährt | das Fahrzeug

Kennzeichne den Wortstamm *fahr/fähr/fuhr* mit verschiedenen Farben.

Elefanten-Aufgaben

1 Hast du schon einmal ein Fahrrad repariert oder bei einer Reparatur geholfen? Beschreibe.

2 Erzähle von einem Erlebnis bei einem Fahrradausflug.

3 Vielleicht hättest du gern ein Fahrrad, mit dem du auch fliegen kannst. Male dein Fantasierad.

Der Riese Kalin

Der Riese Kalin findet keinen Freund.
Weil er größer und stärker als die anderen ist,
hält ihn jeder für gefährlich
und läuft vor ihm davon.
Er ist immer allein.
Kalin legt sich traurig unter die Bäume,
streckt seine Füße aus
und schläft ein.
Er beginnt zu träumen.

1 Warum ist der Riese Kalin traurig?

Das sind die Umlaute:
ä, ö, ü und *äu.*

2 Kennzeichne im Text die Lernwörter:
zehn Wörter mit Umlauten. Schreibe sie.

Aus *a* wird *ä*,
aus *au* wird *äu.*

3 Schreibe die Lernwörter mit *ä* und *äu* und suche dazu
je ein verwandtes Wort mit *a* oder *au.* (Beispiel: *stärker – stark*)

ä – a	äu – au

4 Schreibe die Nomen in Einzahl und Mehrzahl. Kontrolliere mit der Wörterliste.

Lernwörter und andere schwierige Wörter:

5 Schreibe die Sätze mit Verben aus dem Text. Du kannst sie dir auch diktieren lassen.

Jeder ___ Kalin für gefährlich. | Jeder ___ ängstlich davon. | Traurig ___ Kalin ein.

6 Schreibe die letzten vier Zeilen des Textes ab und füge Kalins Traum hinzu.

7 Schreibheft-Aufgaben zur Auswahl

A Suche in der Wörterliste in Spalte *B b* Wörter mit *ä* und *äu.*

B Suche Wörter zur Wortfamilie *laufen.* Arbeite mit dem Wörterbuch.

C Schreibe den Text ab und füge einen Schluss hinzu.

Ein fremder Riese

Durch Wälder und Täler wandert ein anderer Riese.
Der ist älter, größer und kräftiger als Kalin.
Eines Tages kommt er, um mit Kalin zu kämpfen,
denn er will zeigen, dass er der stärkste Riese ist.

Der fremde Riese ruft:
„Steh auf, du Männlein! Lass uns kämpfen!
Weil du schwächer bist, fängst du an!"
Kalin antwortet: „Wer schlägt denn ein Kind?
Warte, bis meine Eltern kommen!"

1 Wähle einen Schluss und kennzeichne ihn.

2 Kennzeichne im Text die Lernwörter: zehn Wörter mit *ä*. Schreibe sie.

3 Schreibe die Lernwörter mit *ä* und suche dazu je ein verwandtes Wort mit *a*.
(Beispiel: *kämpfen – Kampf*)

4 Steigere die Adjektive.
Kontrolliere mit der Wörterliste.

stark	
alt	
schwach	
groß	

Lernwörter und andere schwierige Wörter:

5 Sätze mit Adjektiven von Aufgabe 4

Der fremde Riese ist ______ und ______ als Kalin.

Er denkt, dass er der ______ Riese ist.

Er will zeigen, dass Kalin ______ ist als er.

6 Schreibe die letzten zwei Zeilen des Textes ab und füge deinen Schluss hinzu.
Kontrolliere und berichtige.

7 Schreibheft-Aufgaben zur Auswahl

A Schreibe Vergleichssätze mit den Adjektiven von Aufgabe 3 und 4.

B Suche Wörter zur Wortfamilie *fangen*. Arbeite mit dem Wörterbuch.

C Schreibe den Text ab und füge einen Schluss hinzu.

1 Silbenrätsel:
Wörter mit *ä* und *äu*

1 ________________

2 ________________

3 ________________

4 ________________

5 ________________

6 ________________

7 ________________

8 ________________

9 ________________

10 ________________

Lösungswort:
Die überzähligen Silben ergeben den Titel eines Märchens.

____

Rechtschreib-Tipp: Umlaute ä und äu

Die meisten Wörter, die mit *ä* oder *äu* geschrieben werden, stammen von Wörtern mit *a* oder *au* ab.

die Kälte | träumen | sie hält | die Angst | er läuft

halten | laufen | ängstlich | der Traum | kalt

Welche Wörter gehören zusammen? Kennzeichne sie.

2 Wörterschnecke:
Wörter mit *ä* und *äu*

1 ______________________

2 ______________________

3 ______________________

4 ______________________

5 ______________________

Lösungswort:
Die überzähligen Buchstaben ergeben den Namen einer Märchenfigur.

____

3 Bilderrätsel
Lösungswörter:
Die Buchstaben ergeben den Titel eines Märchens.

____

____

____

Elefanten-Aufgaben

1 Du hast drei Wünsche frei.
Was wünschst du dir?

2 Märchenquiz: Beschreibe Personen, Tiere oder Dinge aus einem Märchen.
Wer kann es erraten?

3 Sammle Geschichten von Feen oder Riesen.

Im Keller

Leonie und Paul räumen
mit ihrem Opa den Keller auf.
Opa sagt: „Morgen wird der Sperrmüll abgeholt.
Wir müssen die alten Sachen an die Straße stellen.“

Die Kinder finden eine alte Kiste.
„Was ist denn da wohl drin?“, will Paul wissen.
Doch die Kiste ist verschlossen.
Paul fragt: „Opa, kannst du das Schloss öffnen?“
„Hoffentlich passt ein Schlüssel“, antwortet Opa.

1 Was finden die Kinder?

2 Kennzeichne im Text die Lernwörter: vierzehn Wörter mit doppeltem Mitlaut.

3 Schreibe die Lernwörter geordnet. Kennzeichne die doppelten Mitlaute.

ff	
ll	
nn	
ss	

Diese Wörter haben doppelte Mitlaute.

Und davor haben sie einen kurzen Selbstlaut.

4 Suche die Wörter in der Wörterliste und schreibe sie getrennt. (Beispiel: *bit-ten*)

b (56)	D (36)	e (32)	F (80)	k (31)	o (5)	r (24)	s (109)	t (37)	W (14)

Lernwörter und andere schwierige Wörter:

Aber kein Schlüssel passt.

Opa holt sein Werkzeug. | Leonie nimmt einen Stein.

Das Schloss springt auf. | ....

....

5 Drei Wortfamilien

öffneten gewusst Stellplatz wusste Öffnung gestellt Wissenschaft geöffnet stellte

stellen	öffnen	wissen

6 Schreibe die letzten beiden Zeilen des Textes ab und füge einen Schluss hinzu. Kontrolliere und berichtige.

7 Schreibheft-Aufgaben zur Auswahl

A Schreibe das Verb *können* in den Personalformen: *ich, du, er, wir, ihr, sie.*

B Lass dir die Lernwörter diktieren. Kontrolliert und berichtigt gemeinsam.

C Schreibe den Text ab und füge einen Schluss hinzu.

Ganz oben in der Kiste
liegen zwei Stücke Papier.
Sie sind alt und schmutzig.
Aber Paul sieht trotzdem,
dass etwas in alter Schrift daraufsteht.

Paul setzt die beiden Teile zusammen.
Plötzlich ruft er: „Seht mal,
ich habe einen Schatz gefunden!
Sind wir jetzt reich?“

1 Schreibe eine Überschrift.

2 Kennzeichne im Text die Lernwörter: sechs Wörter mit *tz*. Schreibe sie.

3 Bilde Zungenbrecher-Sätze. Du kannst sie dir auch diktieren lassen.

Auf meiner Mütze In der Pfütze Auf der Matratze	sitzt	plötzlich jetzt	eine	witzige putzige schmutzige	

4 Reimwörter

Hitze W.... 	Matratze T.... 	Schütze Pf.... 

Lernwörter und andere schwierige Wörter:

5 Kennzeichne die Verben und schreibe sie getrennt. (Beispiel: *sit-zen*)

sitzen/nützenblitzenschützenflitzenstützen

6 Schreibe den zweiten Abschnitt des Textes ab und füge einen Schluss hinzu. Kontrolliere und berichtige.

Übe Wörter, die du falsch geschrieben hast, zum Beispiel als Partnerdiktat.

7 Schreibheft-Aufgaben zur Auswahl

A Suche Wörter zur Wortfamilie *sitzen*. Arbeite mit dem Wörterbuch.

B Schreibe den Text ab und füge einen Schluss hinzu.

C Setze den Text in die Vergangenheit (*lagen, waren, sah, stand, setzte, rief*).

Opas Geheimnis

Die Kinder packen die Kiste aus.
Sie entdecken alte Kleider, Röcke und Jacken.
Leonie zieht einen Rock an.
Opa lacht: „Du siehst ja schrecklich aus!“
Paul probiert eine Jacke an.
Da fühlt er etwas in der Jackentasche.
„Hier steckt ein Ring!“, ruft er.
„Hast du ein Glück“, meint Leonie.
„Opa, wem gehört der Ring?“

1 Was entdeckt Paul in der Jackentasche?

2 Kennzeichne im Text die Lernwörter: zehn Wörter mit *ck*. Schreibe sie.

3 Suche die Wörter in der Wörterliste und schreibe sie nach Wortarten geordnet.

b (3)	B (5)	b (67)	B (89)	d (25)	d (39)	J (2)	l (19)	s (139)

Nomen:

Verben:

Adjektive:

4 Schreibe die Nomen und Verben von Aufgabe 3 getrennt.

Lernwörter und andere schwierige Wörter:

5 Schreibe passende Antwortsätze. Kontrolliere und berichtige.
- Wer packt die Kiste aus?
- Was entdecken die Kinder in der Kiste?
- Was zieht Leonie an?
- Was probiert Paul an?
- Was finden die Kinder in der Jacke?
- Was fragt Leonie?
- Was sagt Opa dazu?

6 Schreibheft-Aufgaben zur Auswahl

A Bilde mit den Nomen von Aufgabe 3 zusammengesetzte Nomen. Schreibe sie mit Artikel. (Beispiel: *die Strickjacke*)

B Suche zu jedem Verb von Aufgabe 3 ein verwandtes Nomen. Schreibe sie mit Artikel.

C Schreibe den Text ab und füge einen Schluss hinzu.

1 Gestalte mit einigen Streifen des Fächers ein Gespräch.
Verwende für das Verb *sagen* auch andere Verben: *fragen, antworten, meinen, rufen, ...*
Du kannst eigene Zeilen hinzufügen, beispielsweise eine Überschrift oder einen Schluss.

Rechtschreib-Tipp: Silbentrennung

Am Zeilenende kann man Wörter trennen.

tref-fen	Kat-ze	ba-cken
Treff-punkt	Kätz-chen	Back-obst

blicken | offen | Sperrmüll | schmutzig | glücklich | Stützrad

Kennzeichne die Stellen, an denen man die Wörter trennen kann.

1. Lösungswort

2. Lösungswort

Das 3. Lösungswort ist hier senkrecht versteckt.

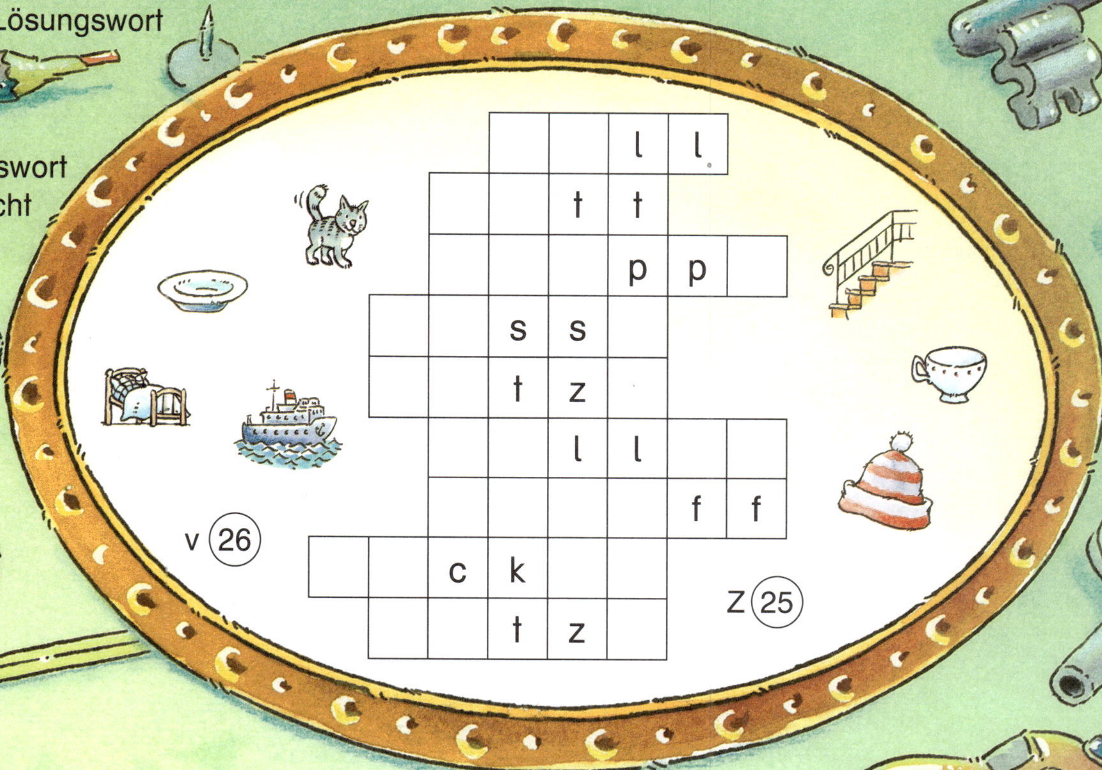

Im ________________ ist ein ________________ ________________.

1. Lösungswort 2. Lösungswort 3. Lösungswort

Elefanten-Aufgaben

1 Male oder bastle eine Vogelscheuche. Du kannst alte Stoffreste verwenden.

2 Gestaltet eine Ausstellung mit altem Geld oder Münzen aus anderen Ländern.

3 „Wenn ein Geldstück erzählen könnte …“ Schreibe eine Geschichte.

Geburtstag

Robins schönstes Geschenk war ein Fahrrad.
„Jetzt mache ich eine Fahrt um die ganze Welt“, sagte er.
„Hast du nicht Angst, dass du nicht wieder
nach Hause findest?“, fragte Lena.
„Nein“, antwortete Robin,
„ich fahre immer geradeaus.
Dann komme ich genau an diesen Punkt zurück.“
„Und wenn du an das Meer kommst?“, überlegte Lena.
„Ich nehme ja den geraden Weg
nur über Land“, lachte Robin.

1 Was war Robins schönstes Geschenk?

2 Kennzeichne im Text die Lernwörter: sechs Nomen mit *d* oder *t* am Ende, drei Nomen *g* oder *k* am Ende. Schreibe sie mit Artikel.

In der Mehrzahl der Nomen kann man hören, ob man *d* oder *t*, *g* oder *k* schreiben muss.

3 Schreibe die Nomen in Mehrzahl und Einzahl. Kontrolliere mit der Wörterliste. Kennzeichne *d* oder *t*, *g* oder *k*.

Mehrzahl	Einzahl	Mehrzahl	Einzahl

Lernwörter und andere schwierige Wörter:

4 Schreibe die farbigen Nomen in Mehrzahl und Einzahl mit Artikel.
(Beispiel: *die Geburtstage – der Geburtstag*)

Das war ein schöner Geburtsta_.

Jetzt kann ich jeden We_ mit dem Ra_ fahren.

Mein schönstes Gescher_ war mein Fahrra_.

Wenn die Sonne scheint, mache ich einen Ausflu_.

5 Schreibe die letzten drei Zeilen des Textes ab und füge einen Schluss hinzu.

6 Schreibheft-Aufgaben zur Auswahl
A Schreibe die Verben aus dem Text in der Grundform. Kontrolliere mit der Wörterliste.
B Suche Wörter zu den Wortfamilien *Land* und *Tag*. Arbeite mit dem Wörterbuch.
C Schreibe den Text ab und füge einen Schluss hinzu.

Robert fragte: „Wie viele Beine hat ein Elefant?“
Selina überlegte nicht lange.
„Vier“, antwortete sie.
„Falsch, er hat natürlich acht Beine!“, sagte Robert.
Das glaubte Selina nicht.
Aber Robert erklärte:
„Ein Elefant hat zwei Beine vorn, zwei hinten,
zwei links und zwei rechts.“
Selina merkte den Spaß und stellte auch eine Frage:
„Wie viele Beine hat ein Tausendfüßler?“

1 Schreibe eine Überschrift.

2 Kennzeichne im Text die Lernwörter und schreibe sie.

fra_te	mer_te	sa_te	überle_te	glau_te

3 Schreibe die Lernwörter in der Grundform.
Bilde die Gegenwarts- und die Vergangenheitsform.
Kennzeichne *g* oder *k*, *b* oder *p*. (Beispiel: *fragen – er fragt – er fragte*)

Verben stehen im Wörterbuch immer in der Grundform.

In der Grundform ist zu hören, ob man *g* oder *k*, *b* oder *p* schreiben muss.

Grundform		Gegenwartsform		Vergangenheitsform
	er		er	
	sie		sie	
	er		er	
	sie		sie	
	sie		sie	

4 Verben mit *g* oder *k*, *b* oder *p*

er schlä__t		sie schrei__t	
er trä__t		sie blei__t	

Lernwörter und andere schwierige Wörter:

5 Schreibe Sätze. Kontrolliere mit der Wörterliste oder mit dem Wörterbuch.

flie__t 	trin__t 	schrei__t 

6 Schreibe die letzten beiden Zeilen des Textes ab und füge die Antwort hinzu.
Kontrolliere und berichtige.

7 Schreibheft-Aufgaben zur Auswahl

A Suche Wörter zu den Wortfamilien *fragen* und *sagen*. Arbeite mit dem Wörterbuch.
B Suche in der Wörterliste in Spalte *W w* Wörter mit *d* oder *t*, *g* oder *k* am Ende.
C Schreibe den Text ab. Du kannst auch andere Tiere einsetzen.

Liebe Selina,
wir wollen heute
Nachmittag an der alten
Burg spielen. Wir treffen
uns um 3 Uhr.
Kommst du auch?
Dein Robert

Hall15, 18o2er20,
21ns5r5 Leh18e18in
8a20 7es1g20, d1ss
4u 4i18 ei14en neu5n
16l1t26 aus19uch5n
k1nn19t.
23ill19t 4u n5b5n m9r
19itz5n?

4ein5 S5l9n1

1 Schreibe einen der Geheimschrift-Briefe auf.
Für den einen Brief brauchst du einen Spiegel,
für den anderen musst du das Alphabet nummerieren.

Rechtschreib-Tipp: Auslautverhärtung

Wenn du unsicher bist, ob du *d* oder *t*, *g* oder *k*, *b* oder *p* schreiben musst, dann verlängere das Wort:
– Bei Nomen bilde die Mehrzahl: *das Bild – die Bilder*
– Bei Adjektiven bilde die Vergleichsstufe: *klug – klüger*
– Bei Verben bilde die Grundform: *er schreibt – schreiben*

der Freun___	al___	er schen___t	der Ta___	sie blei___t	er gi___t

Setze die fehlenden Buchstaben ein: *b* oder *p*, *d* oder *t*, *g* oder *k*.

2 Scherzfragen

1 Womit fängt der Tag an?

2 Was ist schon da und
wird doch jeden Tag gemacht?

3 Was fällt oft,
verletzt sich aber nicht?

4 Wohin geht dein Freund,
wenn er zehn Jahre alt wird?

5 Was ist, wenn der Schornstein-
feger in den Schnee fällt?

6 Was siehst du zwischen
Pferd und Wagen?

7 Was geht und geht
und kommt doch nicht
vom Fleck?

8 Was kommt nach dem Wind?

Geisterschrift

Robert verwendet Zitronensaft als Tinte – oder Weinessig oder Zwiebelsaft. Niemand kann seine Botschaft lesen.

Selina bügelt Roberts Brief. Nun wird die Schrift braun – bei Weinessig rot und bei Zwiebelsaft schwarz.

Elefanten-Aufgaben

1 Erfindet selbst Geheimschriften und schreibt verschlüsselte Botschaften.

2 Sammelt Rätsel, Scherzfragen oder Witze.

3 Schreibe eine Geschichte darüber, was Selina und Robert in der Burg der Geheimnisse erleben.

Die Klasse hat beschlossen, ein Fest zu feiern.
„Das müssen wir aber gut vorbereiten“, sagt Anna.
Alle denken nach, was sie mitbringen können.
„Ich kann bei meinem Vater Pizza bestellen“, sagt Mario.
„Ich werde Getränke besorgen“, ruft Ina.
„Vielleicht kann ich eine große Anlage ausleihen“, meint Sophie.
„Und was machst du, Paula?“, fragt Niko.

1 Schreibe eine Überschrift.

2 Kennzeichne im Text die Lernwörter:
sechs Verben mit den Wortbausteinen *be-*, *vor-*, *mit-*, *aus-*. Schreibe sie.

3 Silbenrätsel mit Lernwörtern

aus | mit | be | brin | lei | schlie | gen | ßen | hen

4 Schreibe Sätze.

einkaufen

mitbringen

bestellen

besorgen

ausleihen

Lernwörter und andere schwierige Wörter:

5 Suche die Verben in der Wörterliste und setze sie mit passenden Wortbausteinen zusammen.

ab | aus | be | ver | vor

s (52)

s (124)

s (156)

6 Schreibe auf, was Mario, Ina, Sophie und Paula zum Fest beitragen wollen.

7 Schreibheft-Aufgaben zur Auswahl

A Bilde Verben mit dem Wortbaustein *ver-* und schreibe sie.

B Schreibe Sätze mit den Lernwörtern.

C Schreibe den Text ab und füge einen Schluss hinzu.
Du kannst auch Namen aus deiner Klasse einsetzen.

Aufregung

Die Kinder machen Spiele zur Musik.
Die Stimmung ist toll.
Doch plötzlich bricht die Musik ab.
„So eine Gemeinheit!“, schimpft Anna.
„Ohne Musik macht es keinen Spaß mehr!“

Alle suchen nach dem Fehler.
Nur Emma weiß, woran es liegt.
Aber das bleibt ihr Geheimnis.

1 Warum schimpft Anna?

2 Kennzeichne im Text die Lernwörter: vier Nomen mit den Wortbausteinen *-ung*, *-heit*, *-nis*. Schreibe sie.

3 Bilde Nomen. Kontrolliere mit der Wörterliste.

wahr geheim schön gesund dunkel fröhlich	nis heit keit

Mit den Wortbausteinen *-ung*, *-heit*, *-keit*, *-nis*, *-schaft* kann man Nomen bilden.

4 Wörter im Tausendfüßler

Lernwörter und andere schwierige Wörter:

5 Schreibe die Sätze und füge Nomen von Aufgabe 3 und 4 ein.
Du kannst dir die Sätze auch diktieren lassen.

Ich habe eine ______ zu Julias Geburtstag bekommen. Was ich ihr schenke, ist mein ______ . Alle wünschen Julia Glück und ______ .

6 Schreibe den letzten Abschnitt des Textes ab.
Siehst du auch, was passiert ist? Füge es hinzu.

7 Schreibheft-Aufgaben zur Auswahl

A Suche zu jedem Nomen von Aufgabe 4 ein verwandtes Wort.
B Schreibe den Text ab und füge einen Schluss hinzu.
C Setze den Text in die Vergangenheit (*machten*, *war*, *brach ab*, *schimpfte*, *suchten*, *wusste*, *lag*, *blieb*).

Knifflig

Nach dem Fest warten Sarah und Emre auf den Bus.
„Wann kommt er denn endlich?
Mir ist so schrecklich langweilig“, sagt Sarah.
„Lass uns Rätsel raten“, schlägt Emre vor.
Er fängt an. „Wer ist das Kind deiner Eltern
und doch nicht deine Schwester oder dein Bruder?“
Sarah findet schnell die Lösung. „Jetzt ich!“, ruft sie fröhlich.
„Meine Eltern haben drei Söhne.
Jeder Sohn hat eine Schwester. Wie viele Kinder sind das?“
„Das ist wirklich schwierig“, meint Emre.

1 Was schlägt Emre vor?

2 Kennzeichne im Text die Lernwörter: sechs Adjektive mit den Wortbausteinen *-ig* und *-lich*. Schreibe sie geordnet.

ig

lich

3 Adjektive aus der Wörterliste

f (72)	m (58)	f (68)
g (28)	l (51)	t (36)

4 Schreibe Sätze und füge Adjektive von Aufgabe 2 und 3 ein.

Sarah ist ein ______ Mädchen.
Emre ist ein ______ Junge.
Vater erzählt eine ______ Geschichte.
Das war ein ______ Tag!

Lernwörter und andere schwierige Wörter:

5 Bilde Adjektive mit den Wortbausteinen *-ig* oder *-lich*. Kontrolliere mit der Wörterliste.

Durst | Schreck | Schmutz | Glück | Gefahr | Ruhe | Kraft | Angst

ig

lich

6 Schreibe die Rätsel aus dem Text mit den richtigen Antworten. Kontrolliere und berichtige.

7 Schreibheft-Aufgaben zur Auswahl

A Lass dir die Lernwörter diktieren. Kontrolliert und berichtigt gemeinsam.

B Schreibe Sätze mit den Lernwörtern.

C Schreibe den Text ab. Du kannst auch die Antworten einfügen.

1 Bilde mit den Wortbausteinen *vor-, ein-, aus-, mit-* Verben
und mit den Wortbausteinen *-schaft, -keit, -nis, -heit* Nomen. Schreibe sie.

Rechtschreib-Tipp: Wortbausteine

freundlich   Freundlichkeit

Wörter mit den Wortbausteinen *-ig* und *-lich* am Wortende sind Adjektive.
Wörter mit den Wortbausteinen *-ung*, *-heit*, *-keit*, *-nis*, *-schaft* am Wortende sind Nomen und werden daher großgeschrieben.

ERLEBNIS		WAHRHEIT	
GLÜCKLICH		KRÄFTIG	
WIRKLICHKEIT		LUSTIGKEIT	

Kennzeichne die Wortbausteine und schreibe die Nomen und Adjektive.

2 So könnt ihr spielen: Würfeln und mit dem Setzstein vorrücken.
Folgendes gilt auf den Zifferfeldern:

1	2	3	4
Suche ein Nomen mit diesem Wortbaustein. Die Anzahl der Buchstaben sagt, wie weit du vorrücken darfst.	Suche ein Verb mit diesem Wortbaustein. Die Anzahl der Buchstaben sagt, wie weit du vorrücken darfst.	Setze dieses Verb mit einem Wortbaustein zusammen. Die Anzahl der Buchstaben sagt, wie weit du vorrücken darfst.	Bilde ein Nomen. Die Anzahl der Buchstaben sagt, wie weit du vorrücken darfst.

Elefanten-Aufgaben

1 Bastelt ein Kartenspiel mit Wortbausteinen. Überlegt euch Spielregeln.

2 Stellt ein Würfelspiel mit Wortbausteinen her.

Die Kinder spielen mit Großvater „Stadt, Land, Fluss“.
Draußen gießt es in Strömen.

Plötzlich bekommt Großvater einen Schreck.
„Mein Auto steht auf der Straße“, ruft er.
„Na und?“, wundert sich Karla.
„Ich habe vergessen, das Dach zu schließen“,
sagt Großvater.
Er reißt die Tür auf und rennt hinaus.
„Aber nicht schummeln!“, ruft er noch.

1 Schreibe eine Überschrift.

2 Kennzeichne im Text die Lernwörter: sechs Wörter mit *ß*. Schreibe sie.

Vor *ß* wird der Selbstlaut lang gesprochen.
Nach kurzem Selbstlaut steht nie *ß*.

3 Drei Wortfamilien

er schließt, die Gießkanne, der Fluss, gegossen, flüssig, geschlossen, das Schloss, geflossen, es goss

fließen	gießen	schließen

4 Schreibe die verdrehten Sätze richtig.

Weil es drinnen gießt, spielen die Kinder draußen.
Es macht den Wörtern Spaß, viele Kinder zu schreiben.
Großvaters Regen steht im Auto auf der Straße.

Lernwörter und andere schwierige Wörter:

Die Kinder	lesen Großvaters Zettel.
	rennen mit hinaus.
	schauen im Atlas nach.

5 Wörter aus der Wörterliste

a (48) b (73) f (37) F (77) g (60) w (30)

6 Schreibe den zweiten Abschnitt des Textes ab und füge einen Schluss hinzu.
Kontrolliere und berichtige.

7 Schreibheft-Aufgaben zur Auswahl

A Suche Wörter zur Wortfamilie *grüßen*. Arbeite mit dem Wörterbuch.

B Lass dir die Sätze von Aufgabe 4 diktieren. Kontrolliert gemeinsam.

C Schreibe den Text ab und füge einen Schluss hinzu.

Großvater	gießt	die Straße.
Der Hund	grüßt	die Fenster.
Der Fahrer	beißt	die weiße Katze.
Vater	schließt	den Dieb.
Großmutter	ruft	die Blumen.
Das Kind	sucht	den Nachbarn.

1 Bilde verschiedene Sätze und schreibe sie.

Rechtschreib-Tipp: Nachschlagen von Verben im Wörterbuch

Verben findet man im Wörterbuch in der Grundform.
Bei einigen Verben stehen dort auch schwierige Formen.

__________ – er aß   __________ – gegrüßt   __________ – sie vergaß

__________ – er goss   __________ – gebissen   __________ – er riss

Schlage im Wörterbuch oder in der Wörterliste nach und schreibe die Grundform.

2 In diesem Suchrätsel sind waagerecht und senkrecht 13 Wörter mit *ß* versteckt. Kennzeichne und schreibe sie.

I	x	S	p	a	ß	S	H	z	Y	s
F	o	Q	h	o	g	i	e	ß	e	n
ü	A	o	l	w	e	i	ß	Z	e	u
ß	f	i	s	c	h	i	e	ß	e	n
e	V	T	U	m	U	B	f	l	M	o
s	c	h	l	i	e	ß	l	i	c	h
G	B	S	t	r	a	ß	e	C	u	s
r	g	l	s	v	m	j	i	C	Y	ü
u	p	o	d	r	a	u	ß	e	n	ß
ß	W	Y	W	X	b	e	i	ß	e	n
k	j	g	r	o	ß	L	g	j	l	L

3 Findest du Wörter mit den entsprechenden Anfangs- und Endbuchstaben? Man kann dieses Spiel auch mit anderen Wörtern allein oder in der Gruppe als Wettspiel spielen.

↓S	T A D	T
U	H R W E R	K
P		R
E	T W	A
R		M
M		R
A		E
R		P
K		U
T		S↑

Elefanten-Aufgaben

1 Entwickle auch ein Suchrätsel.
Kästchenpapier eignet sich dafür besonders gut.

2 Sammelt verschiedene Rätsel aus Zeitschriften und Zeitungen. So könnt ihr ein Klassenrätselbuch herstellen oder an der Pinnwand eine Rätselecke einrichten.

3 Kennst du noch andere Schreibspiele, die ihr in der Klasse gut spielen könnt?

Es ist Wochenende.
Da kann Jonas in Ruhe Comics lesen.
Seine Schwester Lisa sitzt am Computer
und surft im Internet.
„Wer will mit mir joggen?“, fragt Mutter.
„Ich!“, ruft Lisa. „Das hält fit.“
„Ich fahre mit dem Mountainbike
hinter euch her“, meint Jonas.
Aber was macht Vater?
Er hat ein besonderes Hobby: Er kocht.

1 Schreibe eine Überschrift.

Wörter aus anderen Sprachen nennt man auch Fremdwörter.

Diese Wörter sind oft schwierig zu schreiben.

2 Kennzeichne im Text die Lernwörter: acht Fremdwörter.

Comics	Computer	fit	Hobby
joggen	Mountainbike	surft	Internet

3 Schreibe die Lernwörter.

4 Sätze mit Lernwörtern

Jonas liest gern ___ .
Lisa ___ im Internet.
Mutter ___ im Wald.
Jonas fährt mit dem ___ .
Mutter und Lisa halten sich ___ .

Lernwörter und andere schwierige Wörter:

5 Schreibe die Nomen für die Nahrungsmittel, die du im Bild siehst.

6 Ordne die Nomen von Aufgabe 5 nach dem Alphabet.

7 Schreibe die letzten beiden Zeilen des Textes ab und füge einen Schluss hinzu. Kontrolliere und berichtige.

Übe Wörter, die du falsch geschrieben hast, zum Beispiel am Computer.

8 Schreibheft-Aufgaben zur Auswahl
A Schreibe Sätze mit den Lernwörtern.
B Welche Fremdwörter kennst du noch? Suche sie im Wörterbuch und schreibe sie.
C Schreibe den Text ab und füge einen Schluss hinzu.

1 Trage die fehlenden Wörter in die Spielfelder ein.
Du kannst mit einem Partner oder in der Gruppe spielen.

Rechtschreib-Tipp: Nachschlagen von Nomen im Wörterbuch

Nomen stehen im Wörterbuch in der Einzahl. Bei einigen Nomen findet man dort auch die Mehrzahl und andere schwierige Formen.

Jonas trägt am liebsten  ______________ und  ______________ .

Die  ______________ im Zirkus machen lustige Späße.

Auf der Straße telefonieren viele Leute mit  ______________ .

Schlage die fehlenden Nomen im Wörterbuch oder in der Wörterliste nach. Schreibe sie.

2 Trage die neun Nomen aus dem Würfelspiel auf Seite 60 in die Bingo-Felder ein. Du kannst mit einem Partner oder in der Gruppe spielen.

BINGO

3 Hier könnt ihr eigene Fremdwörter für ein neues Bingospiel eintragen.

BINGO

Elefanten-Aufgaben

1 Gibt es in deiner Klasse Kinder aus anderen Ländern? Schreibe ihre Vornamen auf.

2 Fremdwörtersuchspiel: Jeder bekommt eine Zeitungsseite. Kennzeichnet darauf alle Fremdwörter. Wer findet die meisten?

3 Schreibe auf dem Heimweg alle Geschäftsnamen auf, von denen du meinst, dass sie Fremdwörter enthalten. Kannst du deutsche Erklärungen für die Namen finden?

So kannst du vorgehen, wenn du bei einem Wort unsicher bist:

① Andere Wörter aus der Wortfamilie suchen,
② das Wort – wenn möglich – verlängern,
③ nach einer passenden Regel suchen,
④ das Wort schreiben und prüfen, ob es richtig aussieht,
⑤ in der Wörterliste oder im Wörterbuch nachsehen,
⑥ dir von jemandem helfen lassen,
⑦ das Wort durch ein anderes ersetzen.

Wie hilfst du dir?

So kannst du kontrollieren:

① Wort für Wort mit der Vorlage vergleichen, beispielsweise mit einer Lesekarte,
② schwierige Wörter noch einmal überprüfen,
③ den Text lesen, um zu merken, ob Wörter ausgelassen oder vertauscht wurden,
④ einen Partner kontrollieren lassen.

Wie kontrollierst du?

So kannst du berichtigen:

① Das falsch geschriebene Wort durchstreichen und richtig darüberschreiben,
② über das falsch geschriebene Wort ein Kreuz setzen und noch einmal richtig schreiben,
③ die falsch geschriebenen Wörter nummerieren und noch einmal richtig schreiben,
④ radieren oder einen Tintenkiller benutzen und das Wort ausbessern.

Wie macht ihr es in eurer Klasse?

So kannst du mit einer Wörterkartei oder einer Wörterschachtel arbeiten:

① Schwierige Wörter auf Karten schreiben und nach dem Alphabet ordnen,

② Wörter einer Wortfamilie auf eine Karte schreiben,

③ Wörter mit der gleichen Rechtschreib-Besonderheit auf eine Karte schreiben,

④ Wörter, die zu einem bestimmten Thema gehören, auf Karten sammeln,

⑤ Wörter, die im Diktat falsch geschrieben wurden, auf eine Karte schreiben und besonders üben.

Wie arbeitest du?

So kannst du einen Text üben:

① Merkdiktat
- Den Text an einen anderen Platz legen (z. B. auf die Fensterbank),
- einen Satz lesen, merken und am Arbeitsplatz aufschreiben,
- zum Schluss kontrollieren und berichtigen.

② Partnerdiktat
- Den Text diktieren lassen und schreiben,
- sich helfen lassen, wenn es nötig ist,
- gemeinsam kontrollieren,
- dem Partner diktieren.

③ Faltblatt
- Einen Satz auf ein Blatt Papier schreiben,
- die schwierigen Wörter darin kennzeichnen und merken,
- das Blatt nach hinten knicken und die schwierigen Wörter schreiben,
- die schwierigen Wörter mit der Vorlage vergleichen und berichtigen.

④ Kassettenrekorder
- Den Text deutlich sprechen und mit dem Kassettenrekorder aufnehmen,
- die Aufnahme abhören und den Text Satz für Satz schreiben,
- den fertigen Text mit der Vorlage vergleichen und berichtigen.

⑤ Computer
- Einen Satz merken und schreiben oder von einem Partner diktieren lassen,
- Wort für Wort mit der Vorlage vergleichen und berichtigen.

Wie übst du?

Zur Arbeit mit dem Elefantenbuch 4

Förderung schriftsprachlicher Kompetenzen

Ziel des **Elefantenbuches** ist die Förderung schriftsprachlicher Kompetenzen:

- Rechtschreibung:
  Beherrschung grundlegender orthographischer Regelungen und wichtiger Arbeitstechniken,
- Schreiben:
  Arbeiten im Textzusammenhang, Förderung des selbstständigen kreativen Schreibens.

Rechtschreibschwerpunkte

Das Elefantenbuch 4 enthält neun Kapitel, die nach stufengerechten Rechtschreibschwerpunkten gegliedert sind und Einsichten in die Grammatik vermitteln sollen.

Arbeiten in Textzusammenhängen

Ausgangspunkt der Rechtschreibarbeit sind anregende Texte, die an den Interessen und dem Erfahrungsbereich der Kinder orientiert sind. Die Bereitschaft zum schriftsprachlichen Handeln wird dadurch gefördert. Die Texte sind offen, Auswahlangebote regen zu mündlicher und schriftlicher Weitergestaltung an. Darüber hinaus wird das selbstständige kreative Schreiben gefördert.

Textverständnis

Grundlage der Arbeit mit dem Elefantenbuch 4 ist das Textverständnis: Jede Text-Doppelseite beginnt mit einer auf den Inhalt gerichteten Aufgabe; den Abschluss bildet die Gestaltung eines eigenen Schlusses für den Text.

Grundwortschatz

Texte und Übungen basieren auf einem definierten Grundwortschatz, der durch Wiederholung gesichert wird. Im handelnden Umgang mit dem Grundwortschatz werden Einsichten in die Rechtschreibung gewonnen und Regelungen erarbeitet.

Wörterliste

Die separate Wörterliste enthält die verwendeten Wörter. Sie dient in vielfältiger Weise der Kontrolle und dem Nachschlagen. Die Wörterliste bereitet auf den Gebrauch eines Wörterbuches vor. Auf der Innenseite des hinteren Einbandes findet das Kind weitere Anregungen für selbstständiges Üben mit der Wörterliste.

Lernwörter

Einige Textwörter, die den Rechtschreibschwerpunkt des Kapitels repräsentieren, werden besonders geübt und als Lernwörter herausgestellt. Das Kind kann daraus Wörter auswählen, die es als schwierig einschätzt, und in die Lernwörterleiste eintragen. Es kann weitere Wörter aus dem Text auswählen und als eigene Lernwörter eintragen. Weitere Möglichkeiten für das selbstständige Üben der Lernwörter und der eigenen schwierigen Wörter sind auf der Innenseite des vorderen Einbandes zusammengestellt.

Bewusstmachen der Schwierigkeiten

Das Elefantenbuch 4 regt die Kinder an, mit anderen Personen über die Schreibweisen von Wörtern zu reden, weil das Verbalisieren die Bewusstwerdung voraussetzt und fördert. Die „Rechtschreib-Tipps" fassen Besonderheiten der Rechtschreibung zusammen.

Arbeitstechniken

Das Elefantenbuch 4 übt grundlegende Arbeitstechniken für das Abschreiben, Üben und Kontrollieren: Einrichten und Gebrauch einer eigenen Wörterkartei („Wörterschachtel"), genaues Abschreiben, Selbst- und Partnerkontrolle, Partner- und Gruppendiktat, Arbeit mit der Wörterliste bzw. dem Wörterbuch u. v. m.

Selbstständiges Arbeiten

Die Aufgaben sind so angelegt, dass die Kinder möglichst allein und nach eigenem Lerntempo arbeiten können. Die „Elefanten-Aufgaben" bieten zusätzliche Möglichkeiten für selbstständiges Arbeiten.

Differenzierung

Über die strukturierte Aufgabenfolge hinaus bietet das Elefantenbuch 4 vielfältige Anregungen für differenzierendes Arbeiten, beispielsweise die Auswahl-Aufgaben für das Schreibheft sowie die „Elefanten-Aufgaben". Diffenzierung und Individualisierung können mit der Übungskartei zum Elefantenbuch 4 (978-3-507-41262-0) ausgeweitet werden, unter anderem im Rahmen von Freiarbeit, bei der Tages- und Wochenplanarbeit sowie im Stationsverfahren.

Elefantenbuch 4
Wörterliste Name: ______________________________

A a

1 **ab**
2 **aber**
3 **abholen**
4 sie holt ab
5 **acht**
6 **alle**
7 alles
8 **allein**
9 **als**
10 **alt**
11 älter,
12 am ältesten
13 der Altbau
14 **am**
15 **an**
16 **andere**
17 alle anderen
18 **anders**
19 **Angst**, die
20 die Ängste
21 ängstlich
22 **Anlage**, die
23 die Anlagen
24 **anstrengen**
25 er strengt sich an
26 **antworten**
27 sie antwortet
28 **Apfel**, der
29 die Äpfel
30 **ärgern**
31 er ärgert sich
32 **Atlas**, der
33 die Atlanten
34 **auch**
35 **auf**
36 **aufgeregt**
37 er ist aufgeregt
38 **Aufregung**, die
39 die Aufregungen
40 **Auge**, das
41 die Augen
42 **aus**
43 **auseinander**
44 **Ausflug**, der
45 die Ausflüge
46 **ausleihen**
47 er leiht aus
48 **außerdem**
49 **Auto**, das
50 die Autos

B b

1 **Baby**, das
2 die Babys
3 **backen**
4 er backt (bäckt)
5 **Bäcker**, der
6 die Bäcker
7 **Ball**, der
8 die Bälle
9 **Bank**, die
10 die Bänke
11 **bauen**
12 sie baut
13 **Baum**, der
14 die Bäume
15 **bedanken**
16 er bedankt sich
17 **beginnen**
18 sie beginnt,
19 sie begann,
20 sie hat begonnen
21 **bei**
22 **beide**
23 **Bein**, das
24 die Beine
25 **beißen**
26 er beißt,
27 er biss,
28 er hat gebissen
29 **bekommen**
30 sie bekommt,
31 sie bekam,
32 sie hat bekommen
33 **Berg**, der
34 die Berge
35 **beschließen**
36 er beschließt,
37 er beschloss,
38 er hat beschlossen
39 **beschreiben**
40 sie beschreibt,
41 sie beschrieb,
42 sie hat beschrieben
43 **besondere**
44 **besorgen**
45 sie besorgt
46 **bestellen**
47 er bestellt
48 **bestimmt**
49 **Bett**, das
50 die Betten
51 **bezahlen**
52 sie bezahlt
53 **bin** → sein
54 **bis**
55 **bist** → sein
56 **bitten**
57 sie bittet,
58 sie bat,
59 sie hat gebeten
60 **Blatt**, das
61 die Blätter
62 **blau**
63 **bleiben**
64 er bleibt,
65 er blieb,
66 er ist geblieben
67 **blicken**
68 sie blickt
69 **Blitz**, der
70 die Blitze
71 **blitzen**
72 es blitzt
73 **bloß**
74 **Blume**, die
75 die Blumen
76 **Boot**, das
77 die Boote
78 **braun**
79 **brechen**
80 es bricht,
81 es brach,
82 es ist gebrochen
83 **bringen**
84 er bringt,
85 er brachte,
86 er hat gebracht
87 **Brot**, das
88 die Brote
89 **Brücke**, die
90 die Brücken
91 **Bruder**, der
92 die Brüder
93 **Buch**, das
94 die Bücher
95 **Burg**, die
96 die Burgen
97 **Bus**, der
98 die Busse

C c

1 **Clown**, der
2 die Clowns
3 **Computer**, der
4 die Computer
5 **Cornflakes**, die

D d

1 **da**
2 **Dach**, das
3 die Dächer
4 die Dachwohnung
5 **dafür**
6 **Dank**, der
7 vielen Dank
8 **dann**
9 **darauf**
10 **das**
11 **dass**
12 **davon**
13 **dein**
14 deine
15 **dem**
16 **den**
17 **denken**
18 sie denkt,
19 sie dachte,
20 sie hat gedacht
21 **denn**
22 **der**
23 **deshalb**
24 **dich**
25 **dick**
26 **die**
27 **Dieb**, der
28 die Diebe
29 der Diebstahl
30 **dies**
31 diese
32 **Ding**, das
33 die Dinge
34 **dir**
35 **doch**
36 **Donnerstag**, der
37 die Donnerstage
38 **draußen**
39 **dreckig**
40 **drei**
41 **drin** (darin)
42 **drinnen**
43 **du**
44 **dunkel**
45 die Dunkelheit
46 **durch**
47 **dürfen**
48 sie darf,
49 sie durfte,
50 sie hat gedurft
51 **Durst**, der
52 durstig

E e

1 **ein**
2 eine
3 einem
4 einen
5 einer
6 **einbauen**
7 er baut ein
8 **Einladung**, die
9 die Einladungen
10 **einmal**
11 **Eis**, das
12 **Elefant**, der
13 die Elefanten
14 **Eltern**, die
15 **endlich**
16 **eng**
17 **entdecken**
18 er entdeckt
19 **entlaufen**
20 **er**
21 **erklären**
22 er erklärt
23 **erleben**
24 sie erlebt
25 das Erlebnis
26 **erst**
27 **erwarten**
28 er erwartet
29 **erzählen**
30 sie erzählt
31 **es**
32 **essen**
33 er isst,
34 er aß,
35 er hat gegessen
36 **etwas**
37 **euch**
38 euer
39 eure

F f

1 **fahren**
2 sie fährt,
3 sie fuhr,
4 sie ist gefahren
5 der Fahrer
6 der Fahrstuhl
7 die Fahrt
8 **Fahrrad**, das
9 die Fahrräder
10 **falsch**
11 **Familie**, die
12 die Familien
13 **fangen**
14 sie fängt,
15 sie fing,
16 sie hat gefangen
17 **Fee**, die
18 die Feen
19 **fehlen**
20 er fehlt
21 der Fehler
22 **feiern**
23 sie feiert
24 **Fell**, das
25 die Felle
26 **Fenster**, das
27 die Fenster
28 **Fest**, das
29 die Feste
30 **finden**
31 er findet,
32 er fand,
33 er hat gefunden
34 **fit**
35 **Fleck**, der
36 die Flecken
37 **fleißig**
38 **flicken**
39 er flickt
40 **Fliege**, die
41 die Fliegen
42 **fliegen**
43 er fliegt,
44 er flog,
45 er ist geflogen
46 **fließen**

47 es fließt,
48 es floss,
49 es ist geflossen
50 **flitzen**
51 er flitzt
52 **Floh**, der
53 die Flöhe
54 **Fluss**, der
55 die Flüsse
56 flüssig
57 **Frage**, die
58 die Fragen
59 **fragen**
60 er fragt
61 **Frau**, die
62 die Frauen
63 **fremd**
64 **freuen**
65 sie freut sich
66 **Freund**, der
67 die Freunde
68 freundlich
69 die Freund-lichkeit
70 die Freundschaft
71 **froh**
72 **fröhlich**
73 die Fröhlichkeit
74 **fühlen**
75 er fühlt
76 **für**
77 **Fuß**, der
78 die Füße
79 der Fußball
80 **Futter**, das

G g

1 **ganz**
2 **gar**
3 **Garten**, der
4 die Gärten
5 der Gartenweg
6 **geben**
7 sie gibt,
8 sie gab,
9 sie hat gegeben
10 **Geburtstag**, der
11 die Geburtstage
12 **Gefahr**, die
13 die Gefahren
14 gefährlich
15 **Geheimnis**, das
16 die Geheimnisse
17 **gehen**
18 er geht,
19 er ging,
20 er ist gegangen
21 **gehören**
22 es gehört mir
23 **Geld**, das
24 die Gelder
25 der Geldschein
26 **gemein**
27 die Gemeinheit
28 **gemütlich**
29 die Gemütlichkeit
30 **genau**
31 genauso
32 **gerade**
33 geradeaus
34 **gern** (gerne)
35 lieber,
36 am liebsten
37 **Geschenk**, das
38 die Geschenke
39 **Geschichte**, die
40 die Geschichten
41 **Geschwister**, die
42 **gesund**
43 gesünder,
44 am gesündesten
45 die Gesundheit
46 **Getränk**, das
47 die Getränke
48 **gießen**
49 er gießt,
50 er goss,
51 er hat gegossen
52 die Gießkanne
53 **Glas**, das
54 die Gläser
55 **glauben**
56 er glaubt
57 **gleich**
58 **Glück**, das
59 **glücklich**
60 **groß**
61 größer,
62 am größten
63 **Großmutter**, die
64 die Großmütter
65 **Großvater**, der
66 die Großväter
67 **Gruß**, der
68 die Grüße
69 **grüßen**
70 sie grüßt
71 **gut**
72 besser,
73 am besten

H h

1 **Haar**, das
2 die Haare
3 **haben**
4 du hast,
5 er hat,
6 er hatte,
7 er hat gehabt
8 **halb**
9 **hallo**
10 **Hals**, der
11 die Hälse
12 das Halsband
13 **halten**
14 sie hält,
15 sie hielt,
16 sie hat gehalten
17 **Hand**, die
18 die Hände
19 der Handschuh
20 **Handy**, das
21 die Handys
22 **Haus**, das
23 die Häuser
24 nach Hause
25 zu Hause
26 das Hausdach
27 der Hausmeister
28 **Heft**, das
29 die Hefte
30 **hell**
31 die Helligkeit
32 **her**
33 **herzlich**
34 **heute**
35 **hier**
36 **Hilfe**, die
37 die Hilfen
38 **hinaus**
39 **hinten**
40 **hinter**
41 **hinterher**
42 **Hitze**, die
43 **Hobby**, das
44 die Hobbys
45 **hoffentlich**
46 **holen**
47 sie holt
48 **Hund**, der
49 die Hunde
50 hundemüde
51 **Hunger**, der
52 **Hut**, der
53 die Hüte

I i

1 **ich**
2 **ihm**
3 **ihn**
4 **ihnen**
5 **ihr**
6 ihre
7 ihrem
8 ihren
9 ihrer
10 **im**
11 **immer**
12 **in**
13 **Insel**, die
14 die Inseln
15 **Internet**, das
16 **irgendwo**
17 **ist** → sein

J j

1 **ja**
2 **Jacke**, die
3 die Jacken
4 die Jackentasche
5 **Jahr**, das
6 die Jahre
7 **Jeans**, die
8 **jede**
9 jeder
10 **jemand**
11 **jetzt**
12 **joggen**
13 sie joggt
14 **Jogurt**, der
15 die Jogurts
16 **jung**
17 jünger,
18 am jüngsten
19 **Junge**, der
20 die Jungen

K k

1 **kalt**
2 kälter,
3 am kältesten
4 **Kampf**, der
5 die Kämpfe
6 **kämpfen**
7 er kämpft
8 **kaputt**
9 **Kasse**, die
10 die Kassen
11 **Katze**, die
12 die Katzen
13 **kaufen**
14 er kauft
15 **kaum**
16 **kein**
17 **Keller**, der
18 die Keller
19 **Ketchup**, der
20 **Kind**, das
21 die Kinder
22 das Kinder-zimmer
23 **Kiste**, die
24 die Kisten
25 **Klasse**, die
26 die Klassen
27 **Klee**, der
28 **Kleid**, das
29 die Kleider
30 **klein**
31 **klettern**
32 sie klettert
33 **klingeln**
34 er klingelt
35 **knifflig**
36 **kochen**
37 er kocht
38 **kommen**
39 er kommt,
40 er kam,
41 er ist gekommen
42 **König**, der
43 die Könige
44 **können**
45 sie kann,
46 sie konnte,
47 sie hat gekonnt
48 **Korb**, der
49 die Körbe
50 das Körbchen
51 **Kraft**, die
52 die Kräfte
53 **kräftig**
54 kräftiger,
55 am kräftigsten
56 **Kralle**, die
57 die Krallen
58 **krank**
59 kränker,
60 am kränkesten
61 das Krankenhaus
62 **Küche**, die
63 die Küchen
64 der Küchentisch
65 **Kuchen**, der
66 die Kuchen
67 **kurz**
68 kürzer,
69 am kürzesten

L l

1 **lachen**
2 sie lacht
3 **Land**, das
4 die Länder
5 die Landschaft
6 **lang**
7 länger,
8 am längsten
9 **lange**
10 **langweilig**
11 **lassen**
12 sie lässt,
13 sie ließ,
14 sie hat gelassen
15 **laufen**
16 er läuft,
17 er lief,
18 er ist gelaufen
19 **lecker**
20 **legen**
21 sie legt
22 **Lehrer**, der
23 die Lehrer
24 **Lehrerin**, die
25 die Lehrerinnen
26 **leider**
27 **leihen**
28 er leiht,
29 er lieh,
30 er hat geliehen
31 **lesen**
32 sie liest,
33 sie las,
34 sie hat gelesen
35 **lieb**
36 **liegen**
37 er liegt,
38 er lag,
39 er hat gelegen
40 **links**
41 **Loch**, das
42 die Löcher
43 **los**
44 **löschen**
45 er löscht

46 **Lösung**, die
47 die Lösungen
48 **Luft**, die
49 die Lüfte
50 **Lust**, die
51 lustig
52 die Lustigkeit

M m

1 **machen**
2 sie macht
3 **Mädchen**, das
4 die Mädchen
5 **Mahl**, das
6 **mal**
7 **man**
8 **Mann**, der
9 die Männer
10 das Männlein
11 die Mannschaft
12 **Markt**, der
13 die Märkte
14 **Matratze**, die
15 die Matratzen
16 **Maus**, die
17 die Mäuse
18 **Meer**, das
19 die Meere
20 **mehr**
21 **mein**
22 meine
23 **meinen**
24 er meint
25 **merken**
26 sie merkt
27 **Messer**, das
28 die Messer
29 **mich**
30 **mir**
31 **mit**
32 **mitbringen**
33 sie bringt mit
34 **Mitte**, die
35 **mögen**
36 ich mag,
37 ich möchte,
38 er mochte,
39 er hat gemocht
40 **Montag**, der
41 die Montage
42 **Moor**, das
43 die Moore
44 **Moos**, das
45 die Moose
46 **morgen**
47 **Mountainbike**, das
48 die Mountain-bikes
49 **müde**
50 **Mund**, der
51 die Münder
52 **Musik**, die
53 **müssen**
54 du musst,
55 sie muss,
56 sie musste,
57 sie hat gemusst
58 **mutig**
59 **Mutter**, die
60 die Mütter
61 **Mütze**, die
62 die Mützen

N n

1 **nach**
2 **Nachbar**, der
3 die Nachbarn
4 **nachher**
5 **Nachmittag**, der
6 die Nachmittage
7 **natürlich**
8 **neben**
9 **nehmen**
10 er nimmt,
11 er nahm,
12 er hat genommen
13 **nein**
14 **neu**
15 der Neubau
16 **nicht**
17 **nichts**
18 **nie**
19 **niedlich**
20 **niemand**
21 **noch**
22 **nun**
23 **nur**
24 **nützen**
25 es nützt

O o

1 **ob**
2 **oben**
3 **Obst**, das
4 **oder**
5 **offen**
6 **öffnen**
7 er öffnet
8 die Öffnung
9 **ohne**
10 **Ohr**, das
11 die Ohren
12 **Oma**, die
13 die Omas
14 **Opa**, der
15 die Opas
16 **Ordnung**, die

P p

1 **paar**
2 **Paar**, das
3 die Paare
4 **packen**
5 sie packt
6 **Paket**, das
7 die Pakete
8 **Papier**, das
9 die Papiere
10 **Park**, der
11 die Parks
12 **parken**
13 er parkt
14 **passen**
15 es passt
16 **passieren**
17 es passiert
18 **Pferd**, das
19 die Pferde
20 **Pfote**, die
21 die Pfoten
22 **Pfütze**, die
23 die Pfützen
24 **Pizza**, die
25 die Pizzas
26 **Platz**, der
27 die Plätze
28 **plötzlich**
29 **Polizei**, die
30 **Pommes**, die
31 **Popcorn**, das
32 **probieren**
33 er probiert
34 **Punkt**, der
35 die Punkte
36 **Puppe**, die
37 die Puppen
38 **putzen**
39 er putzt
40 putzig

Qu qu

1 **Qualle**, die
2 die Quallen

R r

1 **Rad**, das
2 die Räder
3 **raten**
4 er rät,
5 er riet,
6 er hat geraten
7 **Rätsel**, das
8 die Rätsel
9 **räumen**
10 er räumt
11 **raus** (heraus)
12 **rechts**
13 **Regen**, der
14 **reich**
15 **Reifen**, der
16 die Reifen
17 **Reise**, die
18 die Reisen
19 die Reisetasche
20 **reißen**
21 sie reißt,
22 sie riss,
23 sie hat gerissen
24 **rennen**
25 sie rennt,
26 sie rannte,
27 sie ist gerannt
28 **reparieren**
29 sie repariert
30 **Riese**, der
31 die Riesen
32 riesengroß
33 **Rind**, das
34 die Rinder
35 **Ring**, der
36 die Ringe
37 **Rock**, der
38 die Röcke
39 **rollen**
40 er rollt
41 **rot**
42 **rudern**
43 er rudert
44 **rufen**
45 er ruft,
46 er rief,
47 er hat gerufen
48 **Ruhe**, die
49 ruhig

S s

1 **Saal**, der
2 die Säle
3 **Sache**, die
4 die Sachen
5 **Saft**, der
6 die Säfte
7 **sagen**
8 sie sagt
9 **Sahne**, die
10 **scharf**
11 schärfer,
12 am schärfsten
13 **Schatz**, der
14 die Schätze
15 **schauen**
16 sie schaut
17 **schenken**
18 sie schenkt
19 **schießen**
20 er schießt
21 **Schiff**, das
22 die Schiffe
23 **schimpfen**
24 er schimpft
25 **schlafen**
26 er schläft,
27 er schlief,
28 er hat geschlafen
29 **schlagen**
30 er schlägt,
31 er schlug,
32 er hat geschlagen
33 **schließen**
34 sie schließt,
35 sie schloss,
36 sie hat geschlossen
37 **schließlich**
38 **Schloss**, das
39 die Schlösser
40 **Schlüssel**, der
41 die Schlüssel
42 **schmutzig**
43 **Schnee**, der
44 **schnell**
45 **schon**
46 **schön**
47 die Schönheit
48 **Schrank**, der
49 die Schränke
50 **Schreck**, der
51 schrecklich
52 **schreiben**
53 sie schreibt,
54 sie schrieb,
55 sie hat geschrieben
56 **Schrift**, die
57 die Schriften
58 **Schuh**, der
59 die Schuhe
60 **Schule**, die
61 die Schulen
62 der Schulfreund
63 **schummeln**
64 er schummelt
65 **schützen**
66 er schützt
67 der Schütze
68 **schwach**
69 schwächer,
70 am schwächsten
71 **Schwester**, die
72 die Schwestern
73 **schwierig**
74 **See**, der
75 die Seen
76 **sehen**
77 sie sieht,
78 sie sah,
79 sie hat gesehen
80 **sehr**
81 **sein**
82 ich bin
83 du bist,
84 sie ist,
85 wir sind,
86 es war,
87 es ist gewesen
88 **sein**
89 seine
90 **seit**
91 **selber**
92 **senden**
93 er sendet
94 **setzen**
95 sie setzt sich
96 **sich**
97 **sicher**
98 die Sicherheit
99 **sie**
100 **sieben**
101 **sind** → sein
102 **sitzen**
103 sie sitzt,
104 sie saß,
105 sie hat gesessen

106 **so**
107 **Sohn**, der
108 die Söhne
109 **sollen**
110 er soll
111 **Sommer**, der
112 die Sommer
113 die Sommer-ferien
114 **Sonne**, die
115 die Sonnen
116 **Sonntag**, der
117 die Sonntage
118 **Spagetti**, die
119 **Spaß**, der
120 die Späße
121 **Sperrmüll**, der
122 **Spiel**, das
123 die Spiele
124 **spielen**
125 er spielt
126 der Spielplatz
127 **spitz**
128 **Sport**, der
129 **springen**
130 er springt,
131 er sprang,
132 er ist gesprungen
133 **Stadt**, die
134 die Städte
135 die Stadtmitte
136 **stark**
137 stärker,
138 am stärksten
139 **stecken**
140 es steckt
141 der Stecker
142 **stehen**
143 er steht,
144 er stand,
145 er hat gestanden
146 **stehlen**
147 er stiehlt,
148 er stahl,
149 er hat gestohlen
150 **steigen**
151 er steigt,
152 er stieg,
153 er ist gestiegen
154 **Stein**, der
155 die Steine
156 **stellen**
157 er stellt
158 der Stellplatz
159 **Stimmung**, die
160 die Stimmungen
161 **Stoff**, der
162 die Stoffe
163 **Straße**, die
164 die Straßen
165 **strecken**
166 er streckt
167 **streicheln**
168 er streichelt
169 **Strom**, der
170 die Ströme
171 **Stück**, das
172 die Stücke
173 **Stuhl**, der
174 die Stühle
175 **Stunde**, die
176 die Stunden
177 **stützen**
178 er stützt
179 **suchen**
180 sie sucht
181 **super**
182 der Supermarkt
183 **surfen**
184 sie surft
185 **süß**

T t

1 **Tag**, der
2 die Tage
3 **Tal**, das
4 die Täler
5 **Tasche**, die
6 die Taschen
7 **Tasse**, die
8 die Tassen
9 **Tatze**, die
10 die Tatzen
11 **tausend**
12 der Tausend-füßler
13 **Tee**, der
14 die Tees
15 **Teer**, der
16 **Teil**, der
17 die Teile
18 **Telefon**, das
19 die Telefone
20 die Telefon-nummer
21 **Teller**, der
22 die Teller
23 **Tier**, das
24 die Tiere
25 **toben**
26 sie tobt
27 **toll**
28 **tragen**
29 sie trägt,
30 sie trug,
31 sie hat getragen
32 **Traum**, der
33 die Träume
34 **träumen**
35 er träumt
36 **traurig**
37 **treffen**
38 er trifft,
39 er traf,
40 er hat getroffen
41 **Treppe**, die
42 die Treppen
43 das Treppen-haus
44 **trinken**
45 er trinkt,
46 er trank,
47 er hat getrunken
48 **trotzdem**
49 **T-Shirt**, das
50 die T-Shirts
51 **Tür**, die
52 die Türen

U u

1 **über**
2 **überlegen**
3 er überlegt
4 **Uhr**, die
5 die Uhren
6 **um**
7 **umziehen**
8 sie zieht um
9 sie zog um
10 sie ist umgezogen
11 **Umzug**, der
12 die Umzüge
13 die Umzugskiste
14 **und**
15 **uns**
16 unser
17 unsere
18 **unter**

V v

1 **Vater**, der
2 die Väter
3 **vergessen**
4 er vergisst,
5 er vergaß,
6 er hat vergessen
7 **verkaufen**
8 sie verkauft
9 **verkleiden**
10 er verkleidet sich
11 **verlieren**
12 er verliert,
13 er verlor,
14 er hat verloren
15 **verschwinden**
16 er verschwindet,
17 er verschwand,
18 er ist verschwunden
19 **verstecken**
20 er versteckt sich
21 **viel**
22 mehr,
23 am meisten
24 **vielleicht**
25 **vier**
26 **voll**
27 **vom**
28 **vor**
29 **vorbereiten**
30 er bereitet vor
31 **vorn**
32 **Vorsicht**, die

W w

1 **Waage**, die
2 die Waagen
3 **wahr**
4 wahrscheinlich
5 die Wahrheit
6 **Wald**, der
7 die Wälder
8 das Waldtier
9 **Wand**, die
10 die Wände
11 **wandern**
12 sie wandert
13 **wann**
14 **Wanne**, die
15 die Wannen
16 **war** → sein
17 **warten**
18 er wartet
19 **warum**
20 **was**
21 **waschen**
22 du wäschst,
23 sie wäscht,
24 sie wusch,
25 sie hat gewaschen
26 **Weg**, der
27 die Wege
28 **weich**
29 **weil**
30 **weiß**
31 **weiß** → wissen
32 **Welt**, die
33 die Welten
34 **wem**
35 **wen**
36 **wenn**
37 **wer**
38 **werden**
39 ich werde,
40 du wirst,
41 es wird,
42 es wurde,
43 es ist geworden
44 **wie**
45 **wieder**
46 **Wild**, das
47 **will** → wollen
48 **willst** → wollen
49 **Wind**, der
50 die Winde
51 **Winter**, der
52 die Winter
53 **wir**
54 **wird** → werden
55 **wirklich**
56 die Wirklichkeit
57 **wissen**
58 sie weiß,
59 sie wusste,
60 sie hat gewusst
61 die Wissenschaft
62 **Witz**, der
63 die Witze
64 witzig
65 **wo**
66 woran
67 **Woche**, die
68 die Wochen
69 das Wochenende
70 **wohl**
71 **wohnen**
72 sie wohnt
73 die Wohnung
74 die Wohnungstür
75 **wollen**
76 ich will,
77 du willst,
78 er wollte,
79 er hat gewollt
80 **Wort**, das
81 die Wörter
82 **wundern**
83 sie wundert sich
84 **wünschen**
85 sie wünscht

X x

1 **Xylofon**, das
2 die Xylofone

Y y

1 **Yak**, der
2 die Yaks

Z z

1 **Zahl**, die
2 die Zahlen
3 **Zahn**, der
4 die Zähne
5 der Zahnarzt
6 **Zaun**, der
7 die Zäune
8 **zehn**
9 **zeigen**
10 sie zeigt
11 **zerreißen**
12 er zerreißt,
13 er zerriss,
14 er hat zerrissen
15 **Zettel**, der
16 die Zettel
17 **ziehen**
18 er zieht,
19 er zog,
20 er hat gezogen
21 **Zoo**, der
22 die Zoos
23 der Zoobesucher
24 **zu**
25 **Zucker**, der
26 **zum** (zu dem)
27 **zur** (zu der)
28 **zurück**
29 **zusammen**
30 **zwei**
31 **Zwilling**, der
32 die Zwillinge